Elisabeth Schmitz

Wolle bei den Piraten

Ein Mitmachbuch
Illustriert von Hanna Niklaus

Für Peter

Sprechen lernen macht Spaß!
Sprache ist der Schlüssel zur Bildung!

Liebe Erwachsene,

Wolle bei den Piraten ist ein Mitmachbuch für Kinder zwischen 3 und 6 Jahren. Es lädt die Kinder ein, ein spannendes Piratenabenteuer zu erleben. Aktiv, spielerisch und mit Bewegung werden dabei Sprache und Sprachentwicklung in vielfältiger Weise gefördert. Das macht jede Menge Spaß!

Ein Schwerpunkt des Buches liegt auf der Förderung der phonologischen Bewusstheit. Diese gilt als eine wichtige Voraussetzung für den späteren Schulerfolg, weil sie u.a. unerlässlich zum Erlernen von Lesen und Schreiben ist. Unter **phonologischer Bewusstheit** versteht man den Einblick in die Lautstruktur der gesprochenen Sprache.

Auf welche Weise fördert *Wolle bei den Piraten* Sprache und Sprachentwicklung?

Im Mitmachbuch *Wolle bei den Piraten* üben Sie mit den Kindern sehr spielerisch Fähigkeiten, die zu einer guten phonologische Bewusstheit gehören.

Die Kinder üben

- die **auditive Aufmerksamkeit**, wenn sie z. B. bei dem Signalwort „Beulenbacke" immer ihre Zungenspitze seitlich in die Wangen drücken,

- das **Reimen**, wenn sie nach kurzer Zeit die Verse des Papageien mitsprechen und / oder durch eigene Reime erweitern können,

- das **Silbensprechen**, wenn sie beim „Pi-ra-ten-mut-mach-stampf-und-klatsch-lied" die Silben durch Stampfen und Klatschen betonen, und

- das **Heraushören von Anlauten**, wenn sie erkennen, dass die Namen der Personen aus zwei Wörtern bestehen, die mit jeweils dem gleichen Anlaut beginnen (Lila-Leo, Willi Walross), und wenn sie dann ähnliche Phantasienamen bilden (Manni Mutig, Karlo Kratzig usw.).

Neben der Förderung der phonologischen Bewusstheit bietet das Buch *Wolle bei den Piraten* eine Vielzahl von Übungen zur **Lautbildung** und zur **Mundmotorik**. Auf jeder Bilderbuchseite gibt Ihnen Vater Bär unter den Vorlesetexten pädagogische Anregungen, die Sie an den entsprechenden Stellen umsetzen und deutlich vormachen sollten. Kurze Informationen darüber, was mit den einzelnen Aktivitäten konkret gefördert wird, stehen in kursiver Schrift darunter.

Ich empfehle Ihnen, sich vor dem ersten Vorlesen mit dem Buch vertraut zu machen bzw. die pädagogischen Anregungen schrittweise umzusetzen. So könnten z.B. mundmotorische Übungen und Übungen zur Lautbildung zu einem späteren Zeitpunkt einfließen.

Bitte beachten Sie: Jedes Kind hat sein eigenes Lerntempo. So wie die Kinder in den ersten Lebensjahren die Sprachlaute erst nach und nach erwerben, ist auch die Entwicklung der phonologische Bewusstheit abhängig von Alter und Entwicklungsstand. Individuelle Unterschiede sollten berücksichtigt werden und jedes Kind sollte seinen Fähigkeiten entsprechend bei den einzelnen Aktivitäten mitmachen können.

Sollten Sie jedoch den Eindruck haben, dass ein Kind im Vergleich zu seinen Altersgenossen ungewöhnlich große Probleme bei den verschiedenen Aktivitäten / „Übungen" hat, empfiehlt es sich, den Rat von Fachleuten einzuholen.

Das Mitmachbuch *Wolle bei den Piraten* stellt die Freude am gemeinsamen Erleben in den Vordergrund und fördert Sprache und Sprachentwicklung, ohne den Spaßfaktor zu vernachlässigen. Und gemeinsam mit den Kindern entwickeln Sie vielleicht Ideen, wie die Geschichte durch zusätzliche Geräusche, Laute oder Mundbewegungen erweitert werden kann oder wie Sie entsprechende Übungen in den Alltag einfließen lassen können. Hier sind der Fantasie keine Grenzen gesetzt!

Ich wünsche den Kindern und Ihnen viel Freude mit dem Mitmachbuch *Wolle bei den Piraten*.

Elisabeth Schmitz

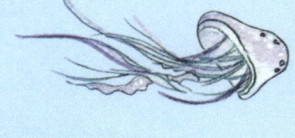

Das ist Beulenbacke.

Beulenbacke ist der Steuermann. Er hält das Steuerrad fest in der Hand und lenkt das große alte Piratenschiff sicher durch die Weltmeere.

Das ist Wolle, der kleine Braunbär.

Wolle freut sich auf ein Piratenabenteuer und auf neue Freunde!

Eines Tages bekommt Vater Bär einen Brief von seinem besten Freund, dem Piratenkapitän Willi Walross. In dem Brief ist eine Einladung für Wolle, den kleinen Braunbären. Willi Walross lädt Wolle zu einer Fahrt mit dem Schwarzen Haifischzahn ein, seinem alten Piratenschiff. „Au ja!", ruft Wolle. Er ist sehr stolz, dass ein Piratenkapitän ihn eingeladen hat. Schnell packt Mutter Bär ein Honigbrot und einen Apfel in Wolles Bündel und dann machen sich Wolle und Vater Bär auf den Weg zum Hafen.

Die Kinder reißen die Arme hoch und rufen laut „Au, ja!" wie Wolle, der kleine Braunbär, wenn er sich freut. Dann stampfen alle gemeinsam rhythmisch mit den Füßen und /oder patschen mit den Händen auf die Oberschenkel und ahmen so den Gang der beiden Bären nach.

Rhythmus ist ein wichtiges Element von Sprache. Rhythmische Übungen fördern sprachliche Fähigkeiten.

„Heute wollen wir auf Schatzsuche gehen!", sagt der Piratenkapitän Willi Walross. Er hat in einem seiner dicken Piratenbücher eine Schatzkarte von Hein Hinkebein gefunden, einem ungeheuer reichen und sehr gefürchteten Piraten. „Hurra! Wir gehen auf Schatzsuche!", ruft Wolle, der kleine Braunbär. „Hurra! Hurra! Wir sind bald da!", reimt Lila-Leo, der Papagei, und flattert aufgeregt um Wolle und Willi Walross herum.

Hier wird zum ersten Mal mit Lila-Leo gereimt.

Im Umgang mit Reimen lernen die Kinder, den Klang der gesprochenen Sprache genauer zu beachten und die Klangähnlichkeit oder -verschiedenheit von Wörtern zu erkennen.

Nun gibt es auf dem Piratenschiff Schwarzer Haifischzahn noch viel zu tun. Der Piratenkapitän Willi Walross und der Steuermann Beulenbacke reparieren ein paar morsche Deckplanken.
Sie sägen: Sssst-sssst-sssst…
Sie hämmern: Kkkkkkkkkkkk…
Wolle, der kleine Braunbär, wischt das Deck: Psch-psch-psch-psch…
Und Rudi Renner, der alte Piratenhund, bewacht das Mittagessen: Er knurrt und bellt die frechen Möwen an, die um den Schwarzen Haifischzahn herumfliegen und die Vorräte stibitzen wollen: Rrrrrrr-wuff, rrrrrr-wuff, rrrrrrr-wuff…

Nun werden die Geräusche nachgeahmt und durch die entsprechenden Gesten begleitet: Die Kinder „sägen" – ssst, „hämmern" – kkkkkkkk, „wischen das Deck" – psch; beim Hämmern schlagen sie mit der geballten Faust in die Handfläche der anderen Hand. Dabei sollte die Körpermittellinie überschritten werden; das unterstützt die Entwicklung der Händigkeit. Beim Knurren wird die Oberlippe hochgezogen, bis die oberen Schneidezähne sichtbar sind. Beim Signalwort „Beulenbacke" wird die Zunge von nun an immer dann, wenn das Signalwort vorgelesen wird, kurz in beide Wangen gedrückt.

Die schwierigen Laute S, Sch, K und R werden geübt oder vorbereitet. Der Laut R aktiviert und kräftigt Gaumensegel und Rachenmuskulatur; zuletzt wird die Beweglichkeit der Zunge geübt, die Zungenmuskulatur gekräftigt.

Dann werden die Segel gehisst –
hau-ruck, hau-ruck, hau-ruck…!
„Leinen los!", ruft der Piratenkapitän Willi Walross. Ein frischer
Wind bläht die Segel und treibt
den Schwarzen Haifischzahn
hinaus auf das offene Meer.
Hin und her, hin und her schaukelt
das große alte Piratenschiff.
Die Piratenflagge flattert am
Mast. Wolle, der kleine Braunbär,
sitzt im Mastkorb und hält
Ausschau nach der Pirateninsel.
Und von hoch oben schaut er
den Fischen zu, die um das Schiff
herumschwimmen und fröhlich
blubbern: Ppp-ppp-ppp…

Alle sprechen und gestikulieren beim
„Hissen der Segel", pusten dann kräftig
mit deutlich gespitzten Lippen und
schaukeln rhythmisch hin und her.
Beim Blubbern pressen alle die Lippen
aufeinander und lösen sie mit einem
leisen Knall: P-p-p-p-p-p.

*Pusten kräftigt die Wangen-, Lippen-
und Kinnmuskulatur, aktiviert das Zwerch-
fell und reguliert die Atmung. P-p-p
wie beschrieben zu artikulieren kräftigt
die Lippenmuskulatur.*

Schon bald sind alle sehr hungrig. „Komm herunter, Wolle! Wir möchten zusammen essen!", ruft der Piratenkapitän Willi Walross. „Essen, lessen, messen, fressen, tessen!", plappert Lila-Leo, der Papagei. Er schnappt sich einen Maiskolben und hockt sich auf eine Segelstange und Rudi Renner, der alte Piratenhund, nagt an einem Knochen. Wolle, der kleine Braunbär, isst sein Honigbrot und seinen Apfel. Willi Walross und der Steuermann Beulenbacke essen Butterbrote mit Käse und Wurst. Dazu trinken sie Piratenbier. Sie lecken sich die Lippen und reiben sich den Bauch: Mmmmh, das hat gut geschmeckt.

Zunächst „nagen alle an einem Knochen": Dabei streichen die oberen Schneidezähne von außen nach innen über die Unterlippe. Beim „Essen" und „Trinken" dürfen die Kinder anschließend ausnahmsweise einmal ausgiebig schmatzen und schlürfen! Zum Schluss lecken sie zuerst die Ober-, dann die Unterlippe; dann kreist die Zunge mehrmals über die Lippen.

Hier wird die gesamte Mundfunktion geübt. „Mmmmh" deutlich zu artikulieren übt zudem den natürlichen Mundschluss.

Nach dem Essen sind alle satt und müde. Der Piratenkapitän Willi Walross und der Steuermann Beulenbacke gähnen und sind bald eingeschlafen. Auch der alte Piratenhund Rudi Renner und Lila-Leo, der Papagei, schlafen tief und fest. Wolle, der kleine Braunbär, aber klettert munter wieder hoch zum Mastkorb, um weiter nach der Piratenschatzinsel Ausschau zu halten.

Große und kleine „Piraten" gähnen ausgiebig. Dann legen sie die Handfläche oder die zusammengelegten Hände an die Wange und schnarchen: Chrr-tsch-chrr-tsch-chrr-tsch-chrr-tsch…

Gähnen und Schnarchen sensibilisieren und aktivieren das Gaumensegel und die Rachenmuskulatur.

Der Wind bläst noch stärker: Schschsch… Wolle, der kleine Braunbär, schaukelt im Mastkorb hin und her, hin und her…
Da endlich taucht in der Ferne eine Insel auf! „Land in Sicht! Land in Sicht!", ruft Wolle.
Die Schläfer sind mit einem Mal hellwach. Sie laufen zur Reling und halten gespannt nach der Insel Ausschau. „Land in Sicht? Das seh' ich nicht! Das seh' ich nicht!", krächzt Lila-Leo, der Papagei. Doch wirklich: Vor ihnen liegt mitten im blauen Meer eine Insel und eine Piratenflagge flattert hoch über der Bucht.

„Hurra! Wir haben die Schatzinsel gefunden! Nun gehört der Schatz von Hein Hinkebein bald uns!", rufen Wolle, der Piratenkapitän Willi Walross und der alte Steuermann Beulenbacke.

Die Atemluft wird auf „Sch" mehrmals kräftig ausgeblasen, wobei alle rhythmisch hin und her schaukeln. Darauf folgt schnelles Stampfen und/oder Patschen, wenn die Piraten zur Reling laufen.

Die Luft kräftig auf Sch auszublasen reguliert die Atmung und kräftigt den Lippenringmuskel.

Der Piratenkapitän Willi Walross
dreht die Ankerwinde und
der Anker senkt sich rasselnd auf
den Grund des Meeres:
Rrrrrrrrrrrrrrrrrrrrrrrrr…
Beulenbacke, der Steuermann,
holt die Segel ein, und Wolle,
der kleine Braunbär, hilft fleißig
dabei – hau-ruck, hau-ruck,
hau-ruck…! Rudi Renner, der alte
Piratenhund, bellt und knurrt
die Möwen an, die um das große
alte Piratenschiff herumfliegen:
Rrrrrr-wuff-rrrrrr-wuff…
Und Lila-Leo, der Papagei, flattert
aufgeregt herum und reimt:
„Auf der Insel liegt ein Pinsel,
liegt ein Pinsel auf der Insel!"
„Halt den Schnabel!", ruft
Beulenbacke und wirft einen
Maiskolben nach ihm. „Schnabel,
Tabel, Kabel, Rabel, Gabel!",
reimt Lila-Leo. Er fliegt hoch zur
Mastspitze und steckt beleidigt
den Kopf unter den Flügel.

Die Geräusche werden nachgeahmt
und durch die entsprechenden Gesten
begleitet: Rrrrrrr – an der Ankerwinde
drehen, hau-ruck – an den Tauen ziehen
und beim Knurren die Zähne fletschen.

*Diese Übungen aktivieren Gaumensegel
und Rachenmuskulatur und kräftigen
die Lippen.*

Wolle, der kleine Braunbär, der Steuermann Beulenbacke, Rudi Renner, der alte Piratenhund, und der Piratenkapitän Willi Walross verlassen das Schiff und waten durch das flache Wasser an Land: Pitsch-patsch, pitsch-patsch... Und Lila-Leo, der Papagei? Sitzt er immer noch beleidigt auf der Mastspitze? Nein! Lila-Leo fliegt den anderen voraus und reimt ganz leise vor sich hin:
„Jetzt fliege ich an Land.
Ich sehe schon den Strand.
Da liegt 'ne Menge Sand.
Ich bin als Erster da!
Hurra! Hurra!"

Auf pitsch-patsch, pitsch-patsch stampfen wieder alle rhythmisch mit den Füßen und /oder patschen mit der flachen Hand abwechselnd auf die Oberschenkel.

Hier wird erneut das Rhythmusgefühl gefördert.

Am Strand sieht Wolle, der kleine Braunbär, einen dicken Fisch, der ängstlich nach Luft schnappt: Pppp… Wolle trägt den Fisch ins Wasser zurück, wo dieser fröhlich mit der Schwanzflosse schlägt und schnell davonschwimmt. Kleine Würmer strecken neugierig ihren Kopf aus dem nassen Sand. Als sie Lila-Leo sehen, verschwinden sie – husch – wieder in ihrem Loch. Eine lange dünne Wasserschlange schlängelt sich über den nassen Sand ins Wasser. Und eine alte Schildkröte streckt neugierig ihren Kopf aus dem Panzer und blinzelt verschlafen mit den Augen.

Durch Zungen- und Lippenbewegungen werden die einzelnen Tiere dargestellt. Fisch: Mit den Lippen eine Schnute bilden und auf p-p-p-p-p öffnen und schließen; dann die Zunge bei geöffneten Lippen schnell wie eine Schwanzflosse hin und her bewegen; Würmer: die Zungenspitze aus dem Mund herausstrecken und schnell zurückziehen; Wasserschlange: Die Zunge kreist bei geschlossenen Lippen über die untere und obere Zahnreihe. Schildkröte: Die Zunge wird sehr langsam aus dem Mund herausgestreckt.

Das Bilden einer Schnute sowie das Öffnen und Schließen auf P kräftigt den Lippenringmuskel; alle anderen Übungen kräftigen die Zungenmuskulatur und fördern die Beweglichkeit der Zunge.

Nun macht sich die Mannschaft auf den Weg. Wolle, der kleine Braunbär, trägt die Schatzkarte. „Mir nach! Der Schatz ist nicht mehr weit!", ruft der Piratenkapitän Willi Walross und schwingt seinen Kapitänshut. „Der Schatz ist nicht weit. Keine Zeit! Keine Zeit! Sonst ist er noch weg. Oh Schreck! Oh Schreck!", reimt Lila-Leo, der Papagei, und flattert wieder aufgeregt voraus. Mutig stapfen die Freunde in den dunklen Inselwald hinein.

Und wieder Stampfen und/oder Patschen!

Das fördert das Rhythmusgefühl.

Im Wald sitzt eine Wildkatze auf einem Ast, zeigt ihre Krallen und faucht: Ch-ch-ch-ch… Und eine große Schlange hebt ihren Kopf aus dem hohen Gras und zischt: Z-z-z-z… Da fürchtet sich Wolle, der kleine Braunbär, ein wenig, natürlich nur ein ganz klein wenig. „Hab keine Angst!", sagt Piratenkapitän Willi Walross und stimmt ein Pi-ra-ten-mut-mach-stampf-und-klatsch-lied an:

„Wir sind die drei Piraten.
Wir essen gerne Braten
Und trinken gern Piratenbier.
Auch Limonade mögen wir.
Wir stampfen durch den Wald
Und klatschen, dass es knallt.
Dann weiß ein jeder fern und nah:
Jetzt sind die drei Piraten da!"

Und schon hat Wolle überhaupt keine Angst mehr. „Seht einmal, da entlang geht es zum Schatz!", ruft er, als er an einem dicken Baumstamm ein Schild entdeckt. „Zum Schatz! Ratz-fatz! Zum Schatz! Macht Platz!", reimt Lila-Leo, der Papagei, und flattert weiter voraus.

Hier wird zunächst das Fauchen nachgeahmt. Dann stellen alle mit Unterarm und Hand wie beim Schattenspiel einen Schlangenkörper dar, der sich leicht hin und her bewegt. Beim Zischen öffnet sich das „Maul" und der „Kopf" schnellt vor. Das Piratenlied wird durch rhythmisches Stampfen und Klatschen begleitet.

Zischen und Fauchen übt die schwierigen Laute Ch und Z oder bereitet ihre Bildung vor. Die Bewegung der Hand unterstützt die Lautbildung. Das rhythmische Stampfen und Klatschen fördert an dieser Stelle explizit das Silbensprechen.

Und es dauert nicht lange, da finden die drei Piraten in einer dunklen Höhle eine große Schatztruhe. Vorsichtig öffnet der Piratenkapitän Willi Walross den schweren Truhendeckel: Quiiiiiietsch. Die Truhe ist bis oben hin gefüllt mit Schmuck, glänzenden Goldstücken und … einem großen Beutel mit Honigbonbons. „Hurra! Wir sind reich!", ruft Willi Walross und wirft seinen Kapitänshut hoch in die Luft. „Hurra! Wir sind reich!", rufen auch der Steuermann Beulenbacke und Wolle, der kleine Braunbär. Und der alte Piratenhund Rudi Renner rennt aufgeregt bellend um die drei glücklichen Piraten herum.

Beladen mit der schweren Schatzkiste machen sich alle auf den Weg zurück zum großen alten Piratenschiff Schwarzer Haifischzahn.

Die Kinder machen eine Bewegung wie beim Öffnen der Truhe und ahmen das Geräusch nach. Dann bellen sie wie der Piratenhund. Zum Schluss stampfen und/oder patschen die großen und kleinen „Piraten" langsam und schwerfällig.

Die schwierige Lautverbindung Kw wird geübt oder ihre Bildung vorbereitet. Das Rhythmusgefühl wird gefördert.

Am Strand angekommen, öffnet der Piratenkapitän Willi Walross noch einmal die große Schatztruhe. Das Gold glitzert in der Sonne und die beiden Piraten und Wolle können es nicht oft genug anschauen. „Da werden sich Mutter Bär und Vater Bär aber sehr freuen, wenn ich mit einem Schatz nach Hause komme", sagt Wolle. „Und die Honigbonbons sind für dich und deine Freunde!", sagt Piratenkapitän Willi Walross. „Au ja!", ruft Wolle.

Und dann machen sich Willi Walross, der Steuermann Beulenbacke, der alte Piratenhund Rudi Renner, Lila-Leo, der Papagei, und Wolle, der kleine Braunbär, auf den Heimweg:
Sie waten zum Schiff zurück: Pitsch-patsch…
Sie holen den Anker ein: Rrrrrrrrrrrr…
Sie hissen die Segel – hau-ruck, hau-ruck… Und schon bald bläst ein kräftiger Wind den Schwarzen Haifischzahn nach Hause zurück – schschsch…

Wie zuvor reißen die Kinder auch hier ihre Arme hoch und rufen „Au ja!". Anschließend wiederholen sie die bekannten Geräusche und Gesten: Sie stampfen und /oder patschen auf pitsch-patsch, holen auf rrrrrrrr den Anker ein und hissen – hau-ruck, hau-ruck – die Segel. Zum Schluss wird die Atemluft auf „sch" wieder mehrmals kräftig ausgeblasen.

Erneut werden das Rhythmusgefühl gefördert und Gaumensegel und Rachenmuskulatur aktiviert; die Atmung wird reguliert, der Lippenringmuskel gekräftigt.

Auf der Rückfahrt sind alle sehr, sehr fröhlich. Laut klatschen, singen und stampfen die Piraten noch einmal ihr Pi-ra-ten-mut-mach-stampf-und-klatsch-lied:

„Wir sind die drei Piraten.
Wir essen gerne Braten
Und trinken gern Piratenbier.
Auch Limonade mögen wir.
Wir stampfen durch den Wald
Und klatschen, dass es knallt.
Dann weiß ein jeder fern und nah:
Jetzt sind die drei Piraten da!
Hurra!"

Das Piratenlied wird abschließend noch einmal durch rhythmisches Stampfen und Klatschen begleitet.

Für die fachliche Unterstützung bei der Umsetzung der Idee zu diesem Bilderbuch danke ich Ulrike Malatantis, Gerrit Rintelen und Ruth Ernst-Nieschlag.
Mein Dank geht auch an die Kinder und die Erzieherinnen des DRK-Kindergartens Probsteierhagen in Schleswig-Holstein, die Wolle und seine Piratenfreunde sofort ins Herz geschlossen haben.
Ich danke außerdem Mareike Kerz vom Cornelsen Verlag Scriptor für ihr Engagement.
Elisabeth Schmitz

Elisabeth Schmitz arbeitet seit über 20 Jahren als Sprachheillehrerin/Dipl.-Pädagogin in Kindertagesstätten und ist seit 1999 in der Fort- und Weiterbildung für Erzieher/innen tätig.

Hanna Niklaus hat an der Muthesius Kunsthochschule in Kiel ihren Abschluss als Diplom-Kommuninkationsdesignerin gemacht und arbeitet als freie Illustratorin in Hamburg.

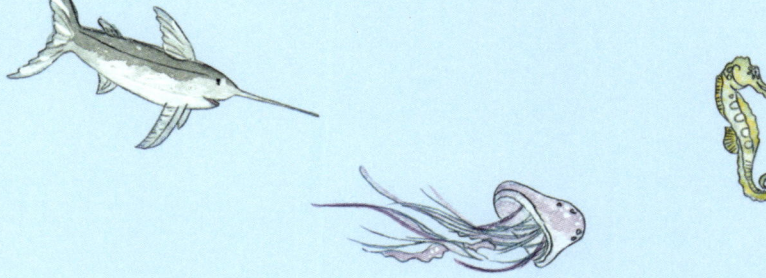

Bei Fragen und Anregungen wenden Sie sich bitte an unsere Berater:
Marketing, 14328 Berlin, Cornelsen Service Center, Servicetelefon 030 / 89 785 89 29

Weitere Informationen finden Sie im Internet unter
www.cornelsen.de/fruehe-kindheit

Bibliografische Information: Die Deutsche Bibliothek verzeichnet diese Publikation in der Deutschen Nationalbibliografie; detaillierte bibliografische Daten sind im Internet über http://dnb.ddb.de abrufbar.

1. Auflage 2011
© 2011 Cornelsen Verlag Scriptor GmbH & Co. KG, Berlin

Das Werk und seine Teile sind urheberrechtlich geschützt. Jede Nutzung in anderen als den gesetzlich zugelassenen Fällen bedarf deshalb der vorherigen schriftlichen Einwilligung des Verlags. Hinweis zu den §§ 46, 52a UrhG: Weder das Werk noch seine Teile dürfen ohne eine solche Einwilligung eingescannt und in ein Netzwerk eingestellt oder sonst öffentlich zugänglich gemacht werden. Dies gilt auch für Intranets von Schulen und sonstigen Bildungseinrichtungen.

Herstellung: Uwe Pahnke, Berlin
Druck und Bindung: Firmengruppe APPL, aprinta druck, Wemding
Umschlaggestaltung & Satz: Claudia Adam Graphik-Design, Darmstadt

Printed in Germany

ISBN 978-3-589-24717-2